The Best Pizza in the World And Other Bilingual Italian-English Stories for Kids

Pomme Bilingual

Published by Pomme Bilingual, 2024.

THE BEST PIZZA IN THE WORLD AND OTHER BILINGUAL ITALIAN-ENGLISH STORIES FOR KIDS

First edition. September 27, 2024.

Copyright © 2024 Pomme Bilingual.

ISBN: 979-8227312242

Written by Pomme Bilingual.

Table of Contents

Pippo e il Palazzo della Pasta

In una vivace e colorata cittadina italiana chiamata Pastaville, viveva un ragazzo di nome Pippo. Pippo era un ragazzo ordinario sotto molti aspetti. Andava a scuola, giocava a calcio con i suoi amici e adorava esplorare la campagna. Ma c'era una cosa che rendeva Pippo diverso: era completamente, totalmente, irrimediabilmente ossessionato dalla pasta.

Pippo non si limitava a piacere la pasta—la AMAVA. Spaghetti, ravioli, penne, fusilli—se era pasta, Pippo la voleva nel suo piatto. Aveva persino un posto preferito in città: "Il Palazzo della Pasta," un vecchio ristorante accogliente gestito da Nonna Rosa, che preparava la pasta più deliziosa di tutta Pastaville. Nonna Rosa era famosa per le sue ricette segrete, tramandate nella sua famiglia da generazioni. La sua pasta era così buona che la gente veniva da chilometri di distanza solo per assaggiarla.

Pippo sognava di poter mangiare al Palazzo della Pasta ogni giorno. Ma c'era un piccolo problema: i genitori di Pippo possedevano un negozio di verdure e insistevano che Pippo mangiasse le sue verdure prima di poter avere qualsiasi pasta. Per Pippo, questo era puro tormento. Perché mangiare verdure noiose quando c'era un intero mondo di pasta che lo aspettava?

Un giorno, dopo l'ennesima cena piena di cavoletti di Bruxelles e broccoli, Pippo decise che ne aveva abbastanza. "Perché non posso mangiare pasta tutto il tempo?" borbottò.

Sua madre, che era saggia e gentile, sorrise e disse: "Perché, Pippo, troppo di una cosa buona non è sempre positivo. Hai bisogno di equilibrio nella vita."

Ma Pippo non ne era convinto. E quella notte, mentre era a letto, guardando il soffitto, prese una decisione. Avrebbe trovato un modo per mangiare pasta ogni volta che voleva, senza che nessuno gli dicesse cosa fare.

La mattina successiva, Pippo era sulla strada per la scuola quando notò qualcosa di strano. Una piccola busta dorata era incastrata nella porta del negozio di verdure. Curioso, Pippo la tirò fuori e la aprì. All'interno c'era un invito scritto magnificamente:

"Caro Pippo,

Sei invitato a visitare il Palazzo della Pasta per un'esperienza unica nella vita. Vieni stasera al tramonto, e tutti i tuoi sogni di pasta si avvereranno.

Cordiali saluti, Nonna Rosa."

Il cuore di Pippo saltò un battito. Era vero? Nonna Rosa poteva davvero far avverare tutti i suoi sogni di pasta? Non riusciva a contenere l'emozione mentre infilava l'invito in tasca e correva a scuola.

Per tutto il giorno, Pippo non riusciva a pensare ad altro. Faceva fatica a prestare attenzione in classe e durante la ricreazione raccontò al suo migliore amico, Luigi, tutto sull'invito.

"Suona fantastico!" disse Luigi, con gli occhi spalancati. "Ma pensi che sia reale?"

"Non lo so," ammise Pippo, "ma devo scoprirlo."

Appena la scuola finì, Pippo corse a casa, fece i compiti il più velocemente possibile e attese impazientemente che il sole tramontasse.

Quella sera, mentre il cielo si tingeva di arancione e rosa, Pippo si diresse verso il Palazzo della Pasta. Di solito, il ristorante era affollato di clienti, ma quella sera era stranamente silenzioso. Le porte erano leggermente aperte e il caldo e invitante profumo di pasta fresca si diffondeva nell'aria.

Pippo spinse la porta e entrò. Il ristorante era vuoto, tranne per Nonna Rosa, che stava dietro il bancone con un luccichio negli occhi.

"Ah, Pippo, mio caro ragazzo," disse calorosamente. "Sono così contenta che tu sia venuto."

"È vero?" esclamò Pippo. "Puoi davvero far avverare tutti i miei sogni di pasta?"

Nonna Rosa ridacchiò dolcemente. "Sì, Pippo. Ma prima, devi dimostrare di essere degno del dono."

Pippo aggrottò le sopracciglia. "Come faccio a farlo?"

Nonna Rosa sorrise misteriosamente e porse a Pippo una piccola chiave. "Questa chiave aprirà una porta nella parte posteriore del ristorante. Dietro quella porta c'è una cucina magica dove tutto ciò che immagini può prendere vita. Ma fai attenzione, Pippo. La magia della cucina è potente e può essere pericolosa se non la rispetti."

Pippo annuì con entusiasmo, troppo eccitato per essere cauto. Prese la chiave e si precipitò nella parte posteriore del ristorante, dove trovò una piccola porta di legno. Le sue mani tremavano mentre inseriva la chiave nella serratura e la girava.

La porta scricchiolò, rivelando una grande cucina scintillante, piena di pentole e padelle luccicanti, scaffali ricolmi di ogni ingrediente immaginabile e un enorme calderone che ribolliva al centro della stanza. Gli occhi di Pippo si spalancarono per la meraviglia.

"Wow," sussurrò. "Questo è incredibile!"

Appena entrò, la porta dietro di lui si chiuse con un delicato clic.

Pippo non riusciva a credere alla sua fortuna. Questa era la sua occasione per creare i piatti di pasta più straordinari di sempre! Prese un grembiule e si mise al lavoro, mescolando farina, uova e acqua in una ciotola. Mentre impastava la pasta, qualcosa di magico cominciò a succedere. L'impasto cominciò a brillare con una luce dorata, e sembrava prendere vita sotto le sue mani.

Pippo modellò l'impasto in diversi tipi di pasta—spaghetti, farfalle, tortellini—e ogni volta, la pasta brillava di un bagliore magico. Aggiungeva salse, formaggi e spezie, e l'aroma che riempiva la cucina era come nulla avesse mai odorato prima. Sembrava che l'aria stessa fosse fatta di pasta!

Pippo assaggiò le sue creazioni, e ogni morso era più delizioso dell'ultimo. Era tutto ciò che aveva sempre sognato. Non riusciva a smettere di mangiare, e presto si trovò circondato da pile di piatti vuoti.

Ma poi, qualcosa di strano cominciò a succedere. Mentre Pippo continuava a mangiare, la pasta in cucina cominciò a moltiplicarsi. Più mangiava, più pasta appariva. Cominciò a traboccare dalle pentole, a straripare dal calderone e a versarsi dai piani di lavoro.

Pippo cercò di fermarsi, ma la pasta era ovunque. Riempiva la cucina, salendo sempre più in alto fino a raggiungere le sue ginocchia, poi la vita e infine il petto. Era bloccato in un mare di pasta, e continuava a crescere!

Pippo iniziò a entrare nel panico. Cercò di guadare attraverso la pasta per raggiungere la porta, ma era troppo tardi. La pasta si accumulava più velocemente di quanto potesse muoversi, e ora era fino al collo.

"Aiuto!" urlò Pippo, ma la sua voce era attutita dalle montagne di pasta che lo circondavano.

Proprio quando pensava di poter essere sepolto vivo nello spaghetti, la porta si aprì di colpo e Nonna Rosa entrò correndo, agitando le mani.

"Fermati, pasta! Basta!" comandò, e con grande stupore di Pippo, la pasta smise immediatamente di crescere. Il mare di noodle si calmò e la cucina cadde nel silenzio.

Nonna Rosa guadò attraverso la pasta per raggiungere Pippo, che tremava per la paura. Lo aiutò a uscire dal pasticcio e lo guidò di nuovo nella parte principale del ristorante.

"Te l'avevo detto, Pippo," disse Nonna Rosa dolcemente. "La magia della cucina è potente. Ti dà ciò che desideri, ma solo se mostri rispetto e sai quando è abbastanza."

Pippo abbassò la testa, sentendosi in colpa. "Mi dispiace, Nonna Rosa. Ero così eccitato per la pasta che non ho pensato alle conseguenze."

Nonna Rosa sorrise gentilmente. "Va bene, Pippo. Oggi hai imparato una lezione importante. Troppo di qualsiasi cosa—anche di qualcosa di meraviglioso come la pasta—può essere una cosa negativa. Ma non preoccuparti, ho un modo per sistemare tutto."

Le porse a Pippo una piccola bottiglia riempita con un liquido blu scintillante. "Questa è una pozione speciale," spiegò. "Versala nel calderone in cucina, e tutto tornerà alla normalità."

Pippo prese la pozione e corse di nuovo in cucina, facendo attenzione a muoversi tra i cumuli di pasta. Si arrampicò fino al calderone e versò la pozione nella miscela che ribolliva.

Non appena la pozione toccò la pasta, ci fu un forte lampo di luce. La pasta cominciò a rimpicciolirsi, diventando sempre più piccola fino a scomparire completamente. Nel giro di pochi istanti, la cucina era immacolata, come se non fosse mai successo nulla.

Pippo lasciò andare un sospiro di sollievo. La cucina magica era tornata alla normalità e la pasta era sparita. Ma l'esperienza gli aveva insegnato una lezione preziosa: a volte, avere troppo di una cosa buona può essere travolgente.

Quando tornò nella parte anteriore del ristorante, Nonna Rosa lo stava aspettando. "Ben fatto, Pippo," disse con un sorriso. "Hai imparato che la vera felicità viene dall'equilibrio, non dall'eccesso."

Pippo annuì, sentendosi più saggio rispetto a quella mattina. "Grazie, Nonna Rosa. Penso di aver capito adesso. Non darò mai più per scontata la pasta."

Nonna Rosa rise e gli diede una pacca sulla spalla. "Questo è lo spirito, ragazzo mio. E non preoccuparti—sei sempre il benvenuto al Pasta Palace, ma la prossima volta, teniamo le cose un po' più... gestibili, va bene?"

Pippo sorrise. "Penso che sia una buona idea."

Il giorno dopo, Pippo tornò al Pasta Palace, ma questa volta con i suoi genitori. Nonna Rosa li aveva invitati per un pasto speciale, e Pippo era entusiasta di condividere l'esperienza con la sua famiglia.

Quando arrivarono, Nonna Rosa servì loro un delizioso pasto, ma questa volta non era solo pasta. C'erano insalate fresche, verdure arrosto e persino una fetta del famoso tiramisù di Nonna Rosa per dessert.

Mentre mangiavano, Pippo si rese conto che i suoi genitori avevano sempre avuto ragione. Le verdure erano altrettanto gustose della pasta, e l'equilibrio dei sapori rendeva il pasto ancora più piacevole.

I genitori di Pippo erano impressionati. "Questo è meraviglioso, Pippo!" esclamò sua madre. "Sono così felice che tu stia apprezzando una varietà di cibi."

Pippo sorrise. "Ho imparato che avere troppo di qualsiasi cosa può essere travolgente. È importante avere equilibrio."

Suo padre annuì in segno di approvazione. "Questa è una lezione molto saggia, Pippo. Siamo orgogliosi di te."

Mentre finivano il pasto, Nonna Rosa portò un piccolo piatto di spaghetti per Pippo. "Un po' di pasta per concludere il pasto," disse con un occhiolino.

Pippo sorrise e prese un morso. La pasta era deliziosa come sempre, ma ora la apprezzava ancora di più. Non si trattava solo di mangiare quanto più poteva; si trattava di godere del cibo e condividerlo con le persone che amava.

E così, Pippo imparò che mentre la pasta era meravigliosa, era ancora meglio quando era bilanciata con altre cose buone della vita. Da quel giorno in poi, godette dei suoi pasti con un nuovo apprezzamento, sapendo che a volte, meno è davvero di più.

E naturalmente, non dimenticò mai l'incredibile avventura che aveva vissuto al Palazzo della Pasta—un luogo dove i sogni di pasta diventavano realtà, ma solo se si ricordava dell'importanza dell'equilibrio.

Pippo and the Pasta Palace

In a lively, colorful town in Italy called Pastaville, there lived a boy named Pippo. Pippo was an ordinary boy in many ways. He went to school, played football with his friends, and loved to explore the countryside. But there was one thing that made Pippo different: he was utterly, completely, hopelessly obsessed with pasta.

Pippo didn't just like pasta—he LOVED it. Spaghetti, ravioli, penne, fusilli—if it was pasta, Pippo wanted it on his plate. He even had a favorite spot in town: "The Pasta Palace," an old, cozy restaurant run by Nonna Rosa, who made the most delicious pasta in all of Pastaville. Nonna Rosa was famous for her secret recipes, which had been passed down through her family for generations. Her pasta was so good that people came from miles around just to taste it.

Pippo dreamed of being able to eat at The Pasta Palace every day. But there was one small problem: Pippo's parents owned a vegetable shop, and they insisted that Pippo eat his veggies before he could have any pasta. To Pippo, this was pure torture. Why eat boring vegetables when there was a whole world of pasta waiting for him?

One day, after yet another dinner filled with Brussels sprouts and broccoli, Pippo decided he had had enough. "Why can't I just eat pasta all the time?" he grumbled.

His mother, who was wise and kind, smiled and said, "Because, Pippo, too much of a good thing isn't always good for you. You need balance in your life."

But Pippo wasn't convinced. And as he lay in bed that night, staring up at the ceiling, he made a decision. He was going to find a way to eat pasta whenever he wanted, without anyone telling him what to do.

The next morning, Pippo was on his way to school when he noticed something strange. A small, golden envelope was stuck in the door of the vegetable shop. Curious, Pippo pulled it out and opened it. Inside was a beautifully written invitation:

"Dear Pippo,

You are invited to visit the Pasta Palace for a once-in-a-lifetime experience. Come tonight at sunset, and all your pasta dreams will come true.

Sincerely, Nonna Rosa."

Pippo's heart skipped a beat. Was this real? Could Nonna Rosa really make all his pasta dreams come true? He could hardly contain his excitement as he stuffed the invitation into his pocket and ran off to school.

All day long, Pippo couldn't think of anything else. He barely paid attention in class, and during recess, he told his best friend, Luigi, all about the invitation.

"That sounds amazing!" Luigi said, his eyes wide. "But do you think it's real?"

"I don't know," Pippo admitted, "but I have to find out."

As soon as school was over, Pippo raced home, did his homework as quickly as possible, and waited impatiently for the sun to set.

That evening, as the sky turned orange and pink, Pippo made his way to The Pasta Palace. The restaurant was usually bustling with customers, but tonight it was strangely quiet. The doors were slightly ajar, and the warm, inviting smell of freshly cooked pasta wafted out.

Pippo pushed open the door and stepped inside. The restaurant was empty, except for Nonna Rosa, who was standing behind the counter with a twinkle in her eye.

"Ah, Pippo, my dear boy," she said warmly. "I'm so glad you came."

"Is it true?" Pippo blurted out. "Can you really make all my pasta dreams come true?"

Nonna Rosa chuckled softly. "Yes, Pippo. But first, you must prove that you are worthy of the gift."

Pippo frowned. "How do I do that?"

Nonna Rosa smiled mysteriously and handed Pippo a small key. "This key will unlock a door in the back of the restaurant. Behind that door is a magical kitchen where anything you imagine can come to life. But be careful, Pippo. The magic of the kitchen is powerful, and it can be dangerous if you don't respect it."

Pippo nodded eagerly, too excited to be cautious. He took the key and dashed to the back of the restaurant, where he found a small wooden door. His hands trembled as he inserted the key into the lock and turned it.

The door creaked open, revealing a large, sparkling kitchen filled with gleaming pots and pans, shelves stocked with every ingredient imaginable, and a giant cauldron bubbling in the center of the room. Pippo's eyes widened in awe.

"Wow," he whispered. "This is incredible!"

As he stepped inside, the door behind him closed with a soft click.

Pippo couldn't believe his luck. This was his chance to create the most amazing pasta dishes ever! He grabbed an apron and got to work, tossing flour, eggs, and water into a mixing bowl. As he kneaded the dough, something magical began to happen. The dough started to glow with a golden light, and it seemed to come alive under his hands.

Pippo shaped the dough into different kinds of pasta—spaghetti, farfalle, tortellini—and each time, the pasta shimmered with a magical glow. He added sauces, cheeses, and spices, and the aroma that filled the kitchen was like nothing he had ever smelled before. It was as if the very air was made of pasta!

Pippo tasted his creations, and each bite was more delicious than the last. It was everything he had ever dreamed of. He couldn't stop eating, and soon, he was surrounded by piles of empty plates.

But then, something strange began to happen. As Pippo continued to eat, the pasta in the kitchen began to multiply. The more he ate, the more pasta appeared. It started spilling out of the pots, overflowing from the cauldron, and pouring off the counters.

Pippo tried to stop, but the pasta was everywhere. It filled the kitchen, rising higher and higher until it reached his knees, then his waist, and then his chest. He was stuck in a sea of pasta, and it was still growing!

Pippo started to panic. He tried to wade through the pasta to reach the door, but it was too late. The pasta was piling up faster than he could move, and it was now up to his neck.

"Help!" Pippo shouted, but his voice was muffled by the mountains of pasta surrounding him.

Just when he thought he might be buried alive in spaghetti, the door burst open and Nonna Rosa rushed in, waving her hands.

"Stop, pasta! Basta!" she commanded, and to Pippo's amazement, the pasta immediately stopped growing. The sea of noodles settled, and the kitchen fell silent.

Nonna Rosa waded through the pasta to reach Pippo, who was trembling with fear. She helped him out of the mess and guided him back to the main part of the restaurant.

"I warned you, Pippo," Nonna Rosa said gently. "The magic of the kitchen is powerful. It gives you what you want, but only if you show respect and know when enough is enough."

Pippo hung his head, feeling ashamed. "I'm sorry, Nonna Rosa. I was just so excited about the pasta that I didn't think about the consequences."

Nonna Rosa smiled kindly. "It's all right, Pippo. You've learned an important lesson today. Too much of anything—even something as wonderful as pasta—can be a bad thing. But don't worry, I have a way to fix this."

She handed Pippo a small bottle filled with a sparkling blue liquid. "This is a special potion," she explained. "Pour it into the cauldron in the kitchen, and it will return everything to normal."

Pippo took the potion and hurried back to the kitchen, carefully making his way through the mounds of pasta. He climbed up to the cauldron and poured the potion into the bubbling mixture.

As soon as the potion touched the pasta, there was a bright flash of light. The pasta began to shrink, shrinking smaller and smaller until it disappeared completely. Within moments, the kitchen was spotless, as if nothing had ever happened.

Pippo let out a sigh of relief. The magic kitchen was back to normal, and the pasta was gone. But the experience had taught him a valuable lesson: sometimes, too much of a good thing can be overwhelming.

When he returned to the front of the restaurant, Nonna Rosa was waiting for him. "Well done, Pippo," she said with a smile. "You've learned that true happiness comes from balance, not excess."

Pippo nodded, feeling wiser than he had that morning. "Thank you, Nonna Rosa. I think I understand now. I'll never take pasta for granted again."

Nonna Rosa laughed and patted him on the shoulder. "That's the spirit, my boy. And don't worry—you're always welcome at The Pasta Palace, but next time, let's keep things a little more... manageable, shall we?"

Pippo grinned. "I think that's a good idea."

The next day, Pippo returned to The Pasta Palace, but this time with his parents. Nonna Rosa had invited them for a special meal, and

Pippo was excited to share the experience with his family.

When they arrived, Nonna Rosa served them a delicious meal, but this time, it wasn't just pasta. There were fresh salads, roasted vegetables, and even a slice of Nonna Rosa's famous tiramisu for dessert.

As they ate, Pippo realized that his parents had been right all along. The vegetables were just as tasty as the pasta, and the balance of flavors made the meal even more enjoyable.

Pippo's parents were impressed. "This is wonderful, Pippo!" his mother exclaimed. "I'm so glad you're enjoying a variety of foods."

Pippo smiled. "I've learned that too much of anything can be overwhelming. It's important to have balance."

His father nodded in agreement. "That's a very wise lesson, Pippo. We're proud of you."

As they finished their meal, Nonna Rosa brought out a small plate of spaghetti for Pippo. "A little pasta to top off the meal," she said with a wink.

Pippo grinned and took a bite. The pasta was as delicious as ever, but now he appreciated it even more. It wasn't just about eating as much as he could; it was about enjoying the food and sharing it with the people he loved.

And so, Pippo learned that while pasta was wonderful, it was even better when balanced with other good things in life. From that day on, he enjoyed his meals with a newfound appreciation, knowing that sometimes, less really is more.

And of course, he never forgot the incredible adventure he had at The Pasta Palace—a place where pasta dreams came true, but only if you remembered the importance of balance.

La Gemma del Gelato

Nel cuore dell'Italia, incastonato tra colline ondulate e fiumi scintillanti, si trovava il piccolo paese di Gelatoville. Era un luogo dove tutti erano amichevoli, le strade erano fiancheggiate da fiori colorati e l'aria era pervasa dal dolce profumo di vaniglia, cioccolato e fragola. Questo perché Gelatoville era famoso per una sola cosa e una sola cosa soltanto: il suo gelato.

Le persone arrivavano da ogni dove per assaggiare il gelato di Gelatoville. Ma c'era una gelateria che superava tutte le altre: Gelato Fantastico, di proprietà del solo e unico Genio del Gelato, il Signor Alfonso. Era un uomo anziano con un baffo arricciato, occhi scintillanti e una grande pancia che ondeggiava quando rideva, cosa che faceva spesso. Ma non era solo il suo aspetto gioviale a renderlo famoso; era il suo gelato straordinario.

Il gelato del Signor Alfonso non era un semplice gelato. Era magico. Ogni gusto aveva il potere di farti sentire qualcosa di speciale. Il sorbetto al limone poteva farti ridere a crepapelle, il gelato al cioccolato poteva riempirti di coraggio e quello alla menta con scaglie di cioccolato ti faceva sentire fresco come un cetriolo. La gente diceva che il gelato del Signor Alfonso non solo aveva un buon sapore—ma ti faceva anche sentire bene.

A Gelatoville, i bambini amavano il Signor Alfonso più di tutti. Aveva sempre un nuovo gusto da provare e una nuova storia da raccontare. E c'era un ragazzo, in particolare, che lo adorava più di chiunque altro: un ragazzino di dieci anni, furbo e birichino, di nome Mario.

Mario era conosciuto in tutto il paese per il suo amore per gli scherzi. Una volta aveva riempito le scarpe del sindaco con panna montata, scambiato il sale con lo zucchero nella panetteria, e persino messo una rana nella scrivania del preside a scuola. Ma c'era una cosa che Mario amava più degli scherzi: il gelato del Signor Alfonso.

Mario visitava Gelato Fantastico ogni giorno dopo la scuola, provando nuovi gusti e ascoltando i racconti del Signor Alfonso. Ma ultimamente, Mario aveva notato qualcosa di strano. I gusti del gelato stavano diventando... meno magici. Le risate dal sorbetto al limone non erano più così forti, il coraggio del gelato al cioccolato svaniva rapidamente, e la freschezza del gelato alla menta durava solo un momento.

Un giorno, Mario non ce la fece più. Dopo aver finito il suo cono di gelato alla nocciola—che aveva un buon sapore ma non gli faceva provare nulla di speciale—decise di affrontare il Signor Alfonso.

"Signor Alfonso," disse Mario, asciugandosi la bocca con il dorso della mano, "cosa sta succedendo con il suo gelato? Non è più magico come una volta."

Il sorriso del Signor Alfonso si affievolì, e per un momento, Mario pensò di vedere un'ombra di tristezza negli occhi del vecchio. Ma poi il sorriso tornò, anche se non era brillante come prima.

"Ah, Mario, mio caro ragazzo," disse il Signor Alfonso, dandogli una pacca sulla testa. "A volte anche il miglior gelato ha bisogno di un po' di riposo. Ma non preoccuparti. Sto lavorando a una nuova ricetta, una che riporterà la magia più forte che mai."

Mario non era convinto. Qualcosa non andava, e lui era determinato a scoprire di cosa si trattava.

Quella notte, mentre Mario era a letto, non riusciva a smettere di pensare al Signor Alfonso e alla magia scomparsa. Perché il gelato stava perdendo le sue qualità speciali? E quale nuova ricetta stava preparando il Signor Alfonso?

Mario decise che non poteva aspettare che la risposta arrivasse da sola. Avrebbe dovuto trovarla lui stesso.

Il giorno dopo la scuola, Mario aspettò che Gelato Fantastico chiudesse. Poi, si intrufolò sul retro del negozio, dove si trovava la cucina del Signor Alfonso. Mario non era mai stato dentro la cucina prima d'ora, e moriva dalla voglia di vedere come veniva fatto il gelato magico.

Sbirciò attraverso la piccola finestra e vide il Signor Alfonso mescolare ingredienti in una gigantesca ciotola d'argento. L'anziano sembrava preoccupato, il suo viso di solito gioviale era segnato dalla preoccupazione. Mario osservò mentre il Signor Alfonso versava il composto in una vecchia macchina logora. La macchina sputacchiava e rantolava, e una piccola pallina di gelato cadeva in una ciotola.

Il Signor Alfonso assaggiò il gelato e aggrottò la fronte. Posò la ciotola, sospirò profondamente e uscì dalla cucina, lasciando la ciotola dietro di sé.

La curiosità di Mario ebbe la meglio. Aprì silenziosamente la porta della cucina e vi entrò in punta di piedi. Prese la ciotola e assaggiò un piccolo boccone di gelato. Era... okay. Aveva un buon sapore, ma non c'era magia, nessuna sensazione speciale.

All'improvviso, Mario sentì dei passi. Posò rapidamente la ciotola e si nascose dietro un grande sacco di zucchero. Il Signor Alfonso era tornato, ma non era solo. Dietro di lui c'era un uomo alto e magro che indossava un lungo cappotto nero e un paio di occhiali da sole scuri. L'uomo osservò la cucina con un ghigno sprezzante.

"Allora, Alfonso," disse l'uomo con una voce liscia e oleosa, "come procede la nuova ricetta?"

Il Signor Alfonso sospirò. "Non funziona, Vincenzo. La macchina è troppo vecchia. Non riesce più a gestire la magia."

Il ghigno di Vincenzo si trasformò in un sorriso maligno. "Ah, che peccato. Forse è il momento di vendere il negozio, vecchio. Potresti andare in pensione e vivere in pace. Lasciare il business del gelato a qualcuno più giovane... qualcuno come me."

Il Signor Alfonso scosse la testa. "No, Vincenzo. Gelato Fantastico è stato nella mia famiglia per generazioni. Non posso semplicemente venderlo. Ci deve essere un modo per sistemare questa situazione."

Il sorriso di Vincenzo svanì, e si avvicinò minacciosamente al Signor Alfonso. "Non fare lo sciocco, Alfonso. Sai bene quanto me che la magia viene dalla Gemma del Gelato. Senza di essa, il tuo gelato è solo un normale gelato. E se la macchina è rotta, la magia della gemma svanirà. Vendimi il negozio, e mi occuperò io di tutto."

Gli occhi di Mario si spalancarono mentre ascoltava. La Gemma del Gelato? Cos'era?

Il Signor Alfonso rimase fermo. "No, Vincenzo. Non venderò il negozio. Troverò un modo per riparare la macchina e ripristinare la magia. Ora, per favore, vattene."

Il volto di Vincenzo si contorse per la rabbia, ma non disse nulla. Si girò sui tacchi e uscì dalla cucina, sbattendo la porta dietro di sé.

Il Signor Alfonso sospirò di nuovo, e Mario poté vedere quanto l'anziano sembrasse stanco e triste. Mario sapeva che doveva fare qualcosa. Non poteva permettere che Vincenzo portasse via la magia di Gelato Fantastico.

Il giorno dopo, Mario decise di affrontare il Signor Alfonso. Aspettò che il negozio fosse vuoto e poi si avvicinò al bancone con un'espressione seria.

"Signor Alfonso, so della Gemma del Gelato," disse Mario sottovoce.

Gli occhi del Signor Alfonso si spalancarono per la sorpresa, e guardò rapidamente intorno per assicurarsi che nessun altro stesse ascoltando.

"Come... come fai a saperlo, Mario?" chiese, con la voce tremante.

"Ti ho sentito parlare con quell'uomo, Vincenzo, ieri sera," ammise Mario. "So che la macchina è rotta e che la magia sta svanendo. Ma voglio aiutare. Per favore, dimmi cosa posso fare."

Il Signor Alfonso guardò Mario per un lungo momento, e poi, con un sospiro, annuì. "Molto bene, Mario. Meriti di conoscere la verità."

Condusse Mario nel retro del negozio, verso la vecchia macchina che Mario aveva visto la notte prima. La macchina era grande e ricoperta di quadranti, leve e tubi che si attorcigliavano in ogni direzione. Al centro della macchina c'era un piccolo compartimento rotondo con una porta di vetro.

"Questa è la Macchina del Gelato," spiegò il Signor Alfonso. "È nella mia famiglia da generazioni. È alimentata dalla Gemma del Gelato, una pietra magica che conferisce al gelato le sue qualità speciali. La gemma viene posizionata all'interno di questo compartimento, e la sua magia si infonde nel gelato mentre viene prodotto."

Il Signor Alfonso aprì la porta di vetro, rivelando al suo interno una piccola gemma luminosa. La gemma era di un blu profondo e scintillante, e pulsava con una luce soffusa.

"Ma la macchina è vecchia," continuò il Signor Alfonso. "E col tempo, si è consumata. La magia della gemma non è più forte come una volta, e il gelato sta perdendo le sue qualità speciali."

Mario fissò la gemma con stupore. "C'è un modo per ripararla?"

Il Signor Alfonso scosse la testa tristemente. "Ho provato tutto quello che sapevo, ma la macchina è troppo vecchia. L'unico modo per ripristinare la magia è trovare una nuova Gemma del Gelato, ma sono incredibilmente rare. La gemma originale fu data a mio bisnonno da un viaggiatore misterioso, e nessuno ne ha più vista un'altra da allora."

La mente di Mario era in fermento. "E se riuscissi a trovare una nuova gemma? Questo salverebbe il gelato?"

Il Signor Alfonso sorrise, anche se era un sorriso triste. "È un'idea nobile, Mario, ma trovare una Gemma del Gelato è quasi impossibile. Non saprei nemmeno da dove cominciare a cercare."

Ma Mario non si scoraggiò. Aveva preso una decisione. Avrebbe trovato una nuova Gemma del Gelato, costi quel che costi.

Mario sapeva che non poteva farlo da solo. Aveva bisogno di aiuto. Così, radunò i suoi due migliori amici, Sofia e Paolo, e raccontò loro tutto.

"Wow!" esclamò Sofia, con gli occhi spalancati. "Una gemma magica che rende il gelato straordinario? Dobbiamo trovarla!"

Paolo annuì con entusiasmo. "Ma da dove cominciamo?"

Mario rifletté per un momento. "Dobbiamo saperne di più sulla gemma. Forse c'è qualcosa nella vecchia biblioteca che può aiutarci."

I tre amici si precipitarono alla Biblioteca di Gelatoville, un imponente edificio antico pieno di libri polverosi e segreti nascosti. Passarono ore a cercare tra gli scaffali, cercando qualsiasi cosa che potesse aiutarli a trovare la Gemma del Gelato.

Finalmente, Sofia trovò un vecchio libro polveroso intitolato "Leggende delle Pietre Magiche." All'interno, trovarono un capitolo sulla Gemma del Gelato.

"C'è scritto qui che la Gemma del Gelato è stata scoperta nella Grotta dei Cristalli, nel profondo delle montagne del Nord Italia," lesse ad alta voce

Sofia. "Si dice che la grotta sia piena di pietre magiche, ognuna con poteri diversi. Ma la grotta è pericolosa, e solo i più coraggiosi avventurieri sono riusciti a raggiungerla."

Paolo deglutì. "Pericolosa? Che tipo di pericoli?"

Sofia continuò a leggere. "La grotta è custodita da creature antiche, e il sentiero è pieno di trappole e sfide. Ma chi è puro di cuore e ha uno scopo vero può trovare la gemma."

Il cuore di Mario batteva forte per l'eccitazione. "Dobbiamo andare alla Grotta dei Cristalli! Abbiamo bisogno di quella gemma per salvare Gelato Fantastico!"

"Ma come ci arriveremo?" chiese Paolo.

Sofia sorrise. "Mio zio possiede un piccolo aereo. Può portarci lui fino alle montagne!"

E così, i tre amici partirono per la loro grande avventura, determinati a trovare la Gemma del Gelato e salvare la magia di Gelatoville.

Dopo un volo turbolento e una lunga camminata attraverso le montagne, il trio arrivò finalmente all'ingresso della Grotta dei Cristalli. La grotta era oscura e minacciosa, con rocce appuntite e un bagliore inquietante che proveniva dall'interno.

"Ci siamo," disse Mario, cercando di sembrare coraggioso. "Andiamo."

Entrarono nella grotta con cautela, i loro passi risuonando contro le pareti. L'aria era fredda, e l'unica luce proveniva dai cristalli luminosi che rivestivano le pareti.

Mentre si avventuravano più in profondità nella grotta, incontrarono la prima sfida: un'enorme voragine che sembrava impossibile da attraversare.

"Come faremo ad attraversarla?" chiese Paolo, con la voce tremante.

Mario notò una serie di pietre su cui poter saltare per attraversare la voragine, ma erano distanti tra loro e sembravano scivolose.

"Dovremo saltare," disse Mario, anche se non era sicuro di poterlo fare.

Uno dopo l'altro, saltarono da una pietra all'altra, il cuore che batteva forte per la paura. Sofia scivolò, ma Paolo le afferrò la mano giusto in tempo e la tirò in salvo.

Finalmente, raggiunsero l'altra parte, senza fiato ma sollevati.

"È stato un bel rischio," disse Sofia, con la voce ancora tremante.

Ma non c'era tempo per riposare. Continuarono ad addentrarsi nella grotta, dove incontrarono altre sfide: trappole nascoste, massi rotolanti e persino una stretta sporgenza su cui dovettero avanzare lentamente.

Ma, nonostante tutto, continuarono ad andare avanti, la loro determinazione non vacillò mai.

Finalmente, raggiunsero il cuore della grotta, dove si diceva fosse nascosta la Gemma del Gelato. La camera era piena di cristalli luminosi di tutti i colori, ma al centro della stanza c'era un piedistallo con una singola pietra preziosa blu scintillante: la Gemma del Gelato.

Mario si fece avanti, il cuore che batteva forte per l'emozione. "L'abbiamo trovata!"

Ma proprio mentre stava per prendere la gemma, il terreno iniziò a tremare. Le pareti della grotta ruggirono, e i cristalli iniziarono a brillare più intensamente.

"Attenti!" gridò Paolo mentre la grotta cominciava a crollare.

Senza pensarci due volte, Mario afferrò la gemma e i tre amici corsero indietro per la strada da cui erano venuti, schivando le rocce che cadevano e saltando oltre gli ostacoli.

L'uscita della grotta era proprio davanti a loro, ma si stava chiudendo velocemente. Con un ultimo scatto di energia, si tuffarono attraverso l'apertura proprio mentre si chiudeva dietro di loro.

Si sdraiarono a terra, ansimando ed esausti, ma salvi.

"Ce l'abbiamo fatta," disse Mario, sollevando la Gemma del Gelato. "L'abbiamo davvero fatta!"

Quando i tre amici tornarono a Gelatoville, si precipitarono da Gelato Fantastico e raccontarono tutto a Signor Alfonso.

Signor Alfonso era sopraffatto dalla gratitudine. "Voi, bambini coraggiosi! Avete salvato la magia di Gelatoville!"

Inserì con cura la nuova Gemma del Gelato nella macchina, e mentre questa cominciava a ronzare, tutto il negozio si riempì di un caldo bagliore magico. Il gelato che ne uscì era più vibrante e gustoso che mai.

Persone da tutta la città accorsero a Gelato Fantastico per assaggiare il nuovo gelato, e ancora una volta, risate, coraggio e freschezza tornarono con ogni cucchiaio.

Signor Alfonso sorrise con orgoglio mentre porgeva a Mario, Sofia e Paolo le prime coppette del nuovo gelato. "Questo è per voi, miei eroi. Avete riportato la magia a Gelatoville."

Mentre Mario assaporava il suo gelato, sentì una calda sensazione diffondersi dentro di lui—una sensazione di felicità, coraggio e soddisfazione, tutto insieme.

Da quel giorno in poi, Mario non fu più conosciuto solo per i suoi scherzi, ma anche per il suo coraggio e la sua lealtà. E Gelatoville continuò ad essere il luogo più felice d'Italia, dove il gelato non era solo delizioso—era magico.

E per quanto riguarda Vincenzo? Beh, non disturbò mai più il Signor Alfonso. Alcuni dicono che abbia lasciato la città, mentre altri sostengono che abbia aperto un negozio vendendo semplice gelato. Ma una cosa era certa—nessuno dimenticò mai la Grande Avventura del Gelato e i coraggiosi bambini che salvarono la magia di Gelatoville.

The Gelato Gem

In the heart of Italy, nestled between rolling hills and sparkling rivers, lay the small town of Gelatoville. It was a place where everyone was friendly, the streets were lined with colorful flowers, and the air was filled with the sweet scent of vanilla, chocolate, and strawberry. This was because Gelatoville was famous for one thing and one thing only—its gelato.

People came from far and wide to taste the gelato of Gelatoville. But there was one shop that stood above all the others: Gelato Fantastico, owned by the one and only Gelato Genius, Signor Alfonso. He was an elderly man with a twirly mustache, twinkling eyes, and a big belly that wobbled when he laughed, which was often. But it wasn't just his jolly appearance that made him famous; it was his extraordinary gelato.

Signor Alfonso's gelato wasn't just any ordinary ice cream. It was magical. Each flavor had the power to make you feel something special. The lemon sorbet could make you giggle uncontrollably, the chocolate gelato could fill you with bravery, and the mint chip could make you feel as cool as a cucumber. People would say that Signor Alfonso's gelato didn't just taste good—it made you feel good, too.

In Gelatoville, the kids loved Signor Alfonso the most. He always had a new flavor to try and a new story to tell. And there was one boy, in particular, who adored him more than anyone else: a cheeky, mischievous 10-year-old named Mario.

Mario was known throughout Gelatoville for his love of pranks. He had once filled the mayor's shoes with whipped cream, switched the salt with sugar at the bakery, and even put a frog in the headmaster's desk at school. But there was one thing Mario loved more than pranks—Signor Alfonso's gelato.

Mario visited Gelato Fantastico every day after school, trying out new flavors and listening to Signor Alfonso's tales. But lately, Mario had noticed something strange. The gelato flavors were becoming...less magical. The laughter from the lemon sorbet wasn't as strong, the bravery from the chocolate gelato faded quickly, and the coolness of the mint chip only lasted a moment.

One day, Mario couldn't take it any longer. After finishing his scoop of hazelnut gelato—which tasted good but didn't make him feel anything special—he decided to confront Signor Alfonso.

"Signor Alfonso," Mario said, wiping his mouth with the back of his hand, "what's going on with your gelato? It's not as magical as it used to be."

Signor Alfonso's smile faded, and for a moment, Mario thought he saw a flicker of sadness in the old man's eyes. But then the smile returned, though it wasn't as bright as before.

"Ah, Mario, my boy," Signor Alfonso said, patting Mario on the head. "Sometimes even the best gelato needs a little rest. But don't you worry. I'm working on a new recipe, one that will bring the magic back better than ever."

Mario wasn't convinced. Something was wrong, and he was determined to find out what it was.

That night, as Mario lay in bed, he couldn't stop thinking about Signor Alfonso and the missing magic. Why was the gelato losing its special qualities? And what was the new recipe Signor Alfonso was working on?

Mario decided that he couldn't wait for the answer to come to him. He would have to find it himself.

The next day after school, Mario waited until Gelato Fantastico closed. Then, he snuck around to the back of the shop, where Signor Alfonso's kitchen was located. Mario had never been inside the kitchen before, and he was dying to see how the magical gelato was made.

He peered through the small window and saw Signor Alfonso mixing ingredients in a giant silver bowl. The old man looked worried, his usually jolly face creased with concern. Mario watched as Signor Alfonso poured the mixture into an old, worn-out machine. The machine sputtered and wheezed, and a small scoop of gelato plopped into a bowl.

Signor Alfonso tasted the gelato and frowned. He set the bowl down, sighed deeply, and walked out of the kitchen, leaving the bowl behind.

Mario's curiosity got the better of him. He quietly pushed open the kitchen door and tiptoed inside. He picked up the bowl and took a small bite of the gelato. It was...okay. It tasted fine, but there was no magic, no special feeling.

Suddenly, Mario heard footsteps. He quickly put the bowl down and hid behind a large sack of sugar. Signor Alfonso had returned, but he wasn't alone. Behind him was a tall, thin man wearing a long black coat and a pair of dark sunglasses. The man looked around the kitchen with a sneer.

"So, Alfonso," the man said in a smooth, oily voice, "how is the new recipe coming along?"

Signor Alfonso sighed. "It's not working, Vincenzo. The machine is too old. It can't handle the magic anymore."

Vincenzo's sneer turned into a wicked grin. "Ah, what a shame. Perhaps it's time to sell the shop, old man. You could retire and live out your days in peace. Leave the gelato business to someone younger...someone like me."

Signor Alfonso shook his head. "No, Vincenzo. Gelato Fantastico has been in my family for generations. I can't just sell it. There has to be a way to fix this."

Vincenzo's grin faded, and he leaned in close to Signor Alfonso. "Don't be a fool, Alfonso. You know as well as I do that the magic comes from the Gelato Gem. Without it, your gelato is just ordinary ice cream. And if the machine is broken, the gem's magic will fade. Sell me the shop, and I'll take care of everything."

Mario's eyes widened as he listened. The Gelato Gem? What was that?

Signor Alfonso stood firm. "No, Vincenzo. I won't sell the shop. I'll find a way to fix the machine and restore the magic. Now, please leave."

Vincenzo's face twisted with anger, but he said nothing. He turned on his heel and stormed out of the kitchen, slamming the door behind him.

Signor Alfonso sighed again, and Mario could see how tired and sad the old man looked. Mario knew he had to do something. He couldn't let Vincenzo take away the magic of Gelato Fantastico.

The next day, Mario decided to confront Signor Alfonso. He waited until the shop was empty and then approached the counter with a serious expression.

"Signor Alfonso, I know about the Gelato Gem," Mario said quietly.

Signor Alfonso's eyes widened in surprise, and he quickly glanced around to make sure no one else was listening.

"How...how do you know about that, Mario?" he asked, his voice trembling.

"I heard you talking to that man, Vincenzo, last night," Mario admitted. "I know the machine is broken, and the magic is fading. But I want to help. Please, tell me what I can do."

Signor Alfonso looked at Mario for a long moment, and then, with a sigh, he nodded. "Very well, Mario. You deserve to know the truth."

He led Mario into the back of the shop, to the old machine that Mario had seen the night before. The machine was large and covered in dials, levers, and pipes that twisted and turned in every direction. In the center of the machine was a small, round compartment with a glass door.

"This is the Gelato Machine," Signor Alfonso explained. "It's been in my family for generations. It's powered by the Gelato Gem, a magical stone that gives the gelato its special qualities. The gem is placed inside this compartment, and its magic is infused into the gelato as it's made."

Signor Alfonso opened the glass door, revealing a small, glowing gemstone inside. The gem was a deep, shimmering blue, and it pulsed with a soft light.

"But the machine is old," Signor Alfonso continued. "And over time, it's become worn out. The magic of the gem isn't as strong as it used to be, and the gelato is losing its special qualities."

Mario stared at the gem in awe. "Is there any way to fix it?"

Signor Alfonso shook his head sadly. "I've tried everything I know, but the machine is too old. The only way to restore the magic is to find a new Gelato Gem, but they are incredibly rare. The original gem was given to my great-grandfather by a mysterious traveler, and no one has seen another one since."

Mario's mind was racing. "What if I could find a new gem? Would that save the gelato?"

Signor Alfonso smiled, though it was a sad smile. "That's a noble idea, Mario, but finding a Gelato Gem is nearly impossible. I wouldn't even know where to begin looking."

But Mario wasn't discouraged. He had made up his mind. He was going to find a new Gelato Gem, no matter what it took.

Mario knew he couldn't do this alone. He needed help. So, he gathered his two best friends, Sofia and Paolo, and told them everything.

"Wow!" Sofia exclaimed, her eyes wide. "A magical gem that makes gelato taste amazing? We have to find it!"

Paolo nodded eagerly. "But where do we even start?"

Mario thought for a moment. "We need to find out more about the gem. Maybe there's something in the old library that can help us."

The three friends hurried to the Gelatoville Library, a grand old building filled with dusty books and hidden secrets. They spent hours searching through the shelves, looking for anything that could help them find the Gelato Gem.

Finally, Sofia found a dusty old book titled "Legends of the Magical Stones." Inside, they found a chapter about the Gelato Gem.

"It says here that the Gelato Gem was discovered in the Cave of Crystals, deep in the mountains of Northern Italy," Sofia read aloud. "The cave is said to be filled with magical stones, each with different powers. But the cave is dangerous, and only the bravest adventurers have ever reached it."

Paolo gulped. "Dangerous? What kind of dangers?"

Sofia continued reading. "The cave is guarded by ancient creatures, and the path is filled with traps and challenges. But those who are pure of heart and have a true purpose can find the gem."

Mario's heart pounded with excitement. "We have to go to the Cave of Crystals! We need that gem to save Gelato Fantastico!"

"But how will we get there?" Paolo asked.

Sofia smiled. "My uncle owns a small plane. He can fly us to the mountains!"

And so, the three friends set off on their grand adventure, determined to find the Gelato Gem and save the magic of Gelatoville.

After a bumpy flight and a long hike through the mountains, the trio finally arrived at the entrance to the Cave of Crystals. The cave was dark and foreboding, with jagged rocks and an eerie glow coming from within.

"This is it," Mario said, trying to sound brave. "Let's go."

They entered the cave cautiously, their footsteps echoing off the walls. The air was cold, and the only light came from the glowing crystals that lined the walls.

As they ventured deeper into the cave, they encountered the first challenge—a giant chasm that seemed impossible to cross.

"How are we going to get across?" Paolo asked, his voice trembling.

Mario spotted a series of stepping stones leading across the chasm, but they were far apart and looked slippery.

"We'll have to jump," Mario said, though he wasn't sure if he could make it.

One by one, they jumped from stone to stone, hearts pounding with fear. Sofia slipped, but Paolo grabbed her hand just in time and pulled her to safety.

Finally, they reached the other side, breathless but relieved.

"That was close," Sofia said, her voice shaking.

But there was no time to rest. They continued deeper into the cave, where they encountered more challenges—hidden traps, rolling boulders, and even a narrow ledge that they had to inch across.

But through it all, they kept going, their determination never wavering.

At last, they reached the heart of the cave, where the Gelato Gem was said to be hidden. The chamber was filled with glowing crystals of all colors, but in the center of the room was a pedestal with a single, shimmering blue gemstone—the Gelato Gem.

Mario stepped forward, his heart pounding with excitement. "We found it!"

But just as he reached out to take the gem, the ground began to shake. The walls of the cave rumbled, and the crystals started to glow brighter.

"Look out!" Paolo shouted as the cave began to collapse.

Without thinking, Mario grabbed the gem and the three friends raced back the way they had come, dodging falling rocks and leaping over obstacles.

The cave entrance was just ahead, but it was closing fast. With a final burst of energy, they dived through the opening just as it slammed shut behind them.

They lay on the ground, panting and exhausted, but safe.

"We did it," Mario said, holding up the Gelato Gem. "We really did it!"

When the three friends returned to Gelatoville, they rushed to Gelato Fantastico and told Signor Alfonso everything.

Signor Alfonso was overwhelmed with gratitude. "You brave children! You've saved the magic of Gelatoville!"

He carefully placed the new Gelato Gem into the machine, and as it began to hum, the entire shop filled with a warm, magical glow. The gelato that came out was more vibrant and flavorful than ever before.

People from all over town flocked to Gelato Fantastico to taste the new gelato, and once again, the laughter, bravery, and coolness returned with every scoop.

Signor Alfonso beamed with pride as he handed Mario, Sofia, and Paolo the first bowls of the new gelato. "This is for you, my heroes. You've brought the magic back to Gelatoville."

As Mario took a bite of his gelato, he felt a warmth spread through him—a feeling of happiness, bravery, and contentment all at once.

From that day on, Mario was known not just for his pranks, but for his bravery and loyalty. And Gelatoville continued to be the happiest place in Italy, where the gelato wasn't just delicious—it was magical.

And as for Vincenzo? Well, he never bothered Signor Alfonso again. Some say he left town, while others say he opened a shop selling ordinary ice cream. But one thing was certain—no one ever forgot the Great Gelato Caper, and the brave children who saved the magic of Gelatoville.

La Migliore Pizza del Mondo

Nel cuore di una pittoresca cittadina chiamata Pizzapoli, incastonata tra le colline ondulate d'Italia, c'era una pizzeria così famosa che persone da tutto il mondo viaggiavano solo per assaggiare una fetta. La pizzeria si chiamava "Pizzanapoli," ed era gestita dall'uomo più allegro che si potesse mai incontrare—lo Chef Peppe.

Chef Peppe non era solo un pizzaiolo qualsiasi. Era un maestro della sua arte, noto per creare le pizze più deliziose, saporite e assolutamente magiche che chiunque avesse mai assaggiato. La gente diceva che le sue pizze non erano solo cibo; erano un assaggio di paradiso.

Cosa rendeva così speciali le pizze dello Chef Peppe? Era forse la crosta dorata e croccante? La salsa di pomodoro piccante fatta con pomodori maturati al sole? La mozzarella filante che si allungava come un sogno? O la miscela segreta di erbe e spezie che danzava sulle papille gustative? Nessuno lo sapeva con certezza, ma tutti erano d'accordo su una cosa—le pizze dello Chef Peppe erano le migliori del mondo.

Ogni anno, Pizzapoli ospitava un grande festival chiamato "Festival della Pizza," dove la città celebrava il suo cibo preferito con musica, balli e, ovviamente, tantissima pizza. E il momento clou del festival era sempre il Grande Concorso di Pizza, dove chef provenienti da tutta Italia si sfidavano per vedere chi poteva fare la pizza migliore.

Ma ogni anno, senza eccezione, lo Chef Peppe vinceva il trofeo. Le sue pizze erano imbattibili. Fino a un anno, quando accadde qualcosa di molto strano...

Il Festival della Pizza di quest'anno era particolarmente speciale perché segnava il 50º anniversario del festival. L'intera città era in fermento mentre si avvicinava il giorno del Grande Concorso di Pizza. Ma c'era anche un'atmosfera di suspense nell'aria, perché un misterioso nuovo concorrente si era iscritto alla gara.

Nessuno sapeva molto di questo nuovo chef. Si era registrato sotto il nome di "Signor X," e nessuno lo aveva mai visto prima. Le voci cominciarono a diffondersi per Pizzapoli come il formaggio fuso su una pizza calda.

"Chi potrebbe essere il Signor X?" sussurrava la gente. "Sarà un famoso chef in incognito? O forse è un mago della pizza con poteri magici!"

Anche lo Chef Peppe era curioso. "Bene, bene, bene," ridacchiò tra sé mentre impastava la pasta per la sua famosa pizza Margherita. "Sembra che quest'anno avrò una vera concorrenza!"

Ma nel profondo, lo Chef Peppe non era preoccupato. Sapeva che le sue pizze erano le migliori, ed era entusiasta di mostrare a tutti la sua ultima creazione—una pizza così deliziosa che avrebbe fatto arricciare le dita dei piedi per la gioia. La chiamava "La Pizza Suprema."

Il giorno del Grande Concorso di Pizza finalmente arrivò, e la piazza della città era piena di bancarelle che vendevano ogni tipo di pizza immaginabile. C'erano pizze con condimenti del mare, pizze guarnite con fresche verdure dell'orto, e persino dolci pizze dessert con cioccolato e fragole.

Ma la folla più grande si era radunata intorno al palco principale, dove la competizione stava per iniziare. Chef Peppe stava in piedi con orgoglio alla sua postazione, con il cappello da chef bianco inclinato con disinvoltura sulla testa. Accanto a lui c'era il misterioso Signor X, che indossava un mantello nero e un cappello a tesa larga che gli ombreggiava il volto.

I giudici presero posto, e la sindaca di Pizzapoli, la Signora Rosa, si avvicinò al microfono. "Benvenuti a tutti alla 50ª Edizione Annuale del Grande Concorso di Pizza del Festival della Pizza!" annunciò. "Che la competizione abbia inizio!"

I cuochi avevano due ore per creare i loro capolavori. La folla osservava in estasi mentre Chef Peppe lanciava in aria la sua pasta per pizza, facendola girare con la grazia di un ballerino. Spalmava la salsa di pomodoro con la precisione di un artista, stratificava la mozzarella e aggiungeva la sua miscela segreta di erbe. Le sue mani si muovevano così rapidamente che erano un'ombra, e presto, la Pizza Suprema era pronta per essere infornata.

Accanto a lui, Signor X lavorava in silenzio. Si muoveva con una precisione strana, quasi meccanica, con movimenti rigidi e robotici. Non lanciava la pasta in aria né canticchiava una melodia come faceva Chef Peppe. Invece, stendeva l'impasto con un matterello, spalmava uno strato sottile di salsa e disponeva con cura ogni condimento come se seguisse un rigido insieme di istruzioni.

La folla mormorava confusa. "Non sembra un gran cuoco," disse qualcuno.

"Ma guarda quei condimenti!" esclamò un altro. "Non ho mai visto niente di simile prima d'ora!"

In effetti, la pizza di Signor X era diversa da tutte le altre. Era guarnita con funghi dorati scintillanti, tartufi macchiati d'argento e un formaggio che brillava debolmente nella luce fioca. L'aria intorno alla sua postazione era pervasa da un aroma dolce e inebriante che faceva venire l'acquolina in bocca a tutti.

Finalmente, le due ore terminarono. I giudici si avvicinarono ai tavoli, pronti a gustare le pizze.

Il primo giudice, un famoso critico gastronomico di nome Signor Bianchi, prese un morso della Pizza Suprema dello Chef Peppe. Gli occhi gli si illuminarono, e un sorriso gli si allargò sul volto. "Magnifico!" esclamò. "La crosta è perfettamente croccante, la salsa è piena di sapore, e il formaggio... oh, il formaggio! È come una sinfonia di gusto nella mia bocca!"

La folla applaudì, e Chef Peppe si inchinò, togliendosi il cappello in segno di ringraziamento.

Poi, Signor Bianchi si girò verso la pizza di Signor X. Esitò per un momento, poi ne prese un morso. Non appena la pizza gli toccò la lingua, i suoi occhi si spalancarono per la sorpresa. Masticava lentamente, con un'espressione indecifrabile.

Finalmente, ingoiò e si girò verso gli altri giudici. "Questa... questa è..."

La folla si sporse in avanti, trattenendo il respiro.

"Questa è la pizza più incredibile che abbia mai assaggiato!" dichiarò il Signor Bianchi.

La folla trattenne il fiato. Persino il sorriso di Chef Peppe vacillò.

"È così... così..." il Signor Bianchi faticava a trovare le parole. "Così... perfetta! I sapori sono diversi da tutto ciò che abbia mai provato. È come se questa pizza fosse stata fatta dagli dei stessi!"

Gli altri giudici assaggiarono la pizza e annuirono in segno di accordo. "È vero," dissero. "Questa pizza è straordinaria!"

Il cuore di Chef Peppe sprofondò. Poteva essere vero? La pizza di Signor X poteva davvero essere migliore della sua? Per la prima volta nella sua vita, sentì una fitta di dubbio.

Ma non c'era tempo per soffermarsi su questo, perché i giudici erano pronti ad annunciare il vincitore.

La Signora Rosa si avvicinò di nuovo al microfono, tenendo in mano il trofeo. "Signore e signori," disse, la voce tremante per l'emozione. "Dopo molta deliberazione, i giudici hanno raggiunto una decisione. Il vincitore del Grande Concorso di Pizza di quest'anno è..."

Fece una pausa per creare suspense.

"...il Signor X!"

La folla esplose in un applauso, anche se mescolato a sussurri di incredulità. Il cuore di Chef Peppe sprofondò ancora di più. Non aveva mai perso la competizione prima d'ora. Cosa sarebbe successo a Pizzanapoli ora?

Il Signor X si fece avanti per ricevere il trofeo, ma proprio mentre la Signora Rosa glielo porgeva, accadde qualcosa di strano. Il trofeo scivolò dalle sue mani e ruzzolò a terra. Mentre il Signor X si chinava per raccoglierlo, il suo cappello a tesa larga cadde, rivelando una vista sorprendente.

Il Signor X non era affatto una persona. Era un robot!

La folla gasò in coro. "Un robot? Com'è possibile?"

Ma prima che qualcuno potesse reagire, gli occhi del robot iniziarono a brillare di rosso e cominciò a parlare con una voce metallica. "Io... sono... la... Macchina... della... Pizza... Perfetta..." disse. "Sono... stata... creata... per... fare... la... pizza... definitiva..."

Chef Peppe si fece avanti, il volto un misto di curiosità e preoccupazione. "Chi ti ha creato?" chiese.

Gli occhi del robot lampeggiarono. "Il mio... creatore... è... il Professor Calzone... uno... scienziato... che... crede... che... fare... pizza... dovrebbe... essere... una... scienza... non... un... arte... Mi... ha... costruita... per... dimostrare... che... le... macchine... sono... superiori... agli... esseri... umani..."

La folla mormorò confusa. Un robot che faceva pizza perfetta? Sembrava impossibile, eppure era lì, davanti a loro.

Ma Chef Peppe non era convinto. "La pizza non è solo seguire una ricetta," disse, la voce ferma. "Si tratta di passione, amore e creatività. Una macchina può seguire le istruzioni, ma non può mai catturare il cuore e l'anima che si mettono nella creazione di una vera grande pizza."

Gli occhi del robot lampeggiarono di nuovo. "Non... capisco..."

"Vedi," continuò Chef Peppe, "ogni pizza che faccio è un po' diversa. Uso i miei sensi, i miei sentimenti e i miei istinti per creare qualcosa di unico ogni volta. Questo è ciò che la rende speciale."

La folla annuì in segno di approvazione. Avevano tutti assaggiato le pizze di Chef Peppe e sapevano che ciò che diceva era vero.

Ma prima che qualcuno potesse dire di più, il robot improvvisamente iniziò a scintillare e tremare. "Errore... errore..." disse, la voce che si affievoliva. "Impossibile... elaborare..."

E con ciò, la Macchina della Pizza Perfetta si spense, le luci si attenuarono mentre si accasciava a terra.

La folla rimase in silenzio per un momento, incerta su cosa fare. Poi, lentamente, iniziarono ad applaudire. L'applauso crebbe sempre più forte fino a diventare un boato di incitamento.

La Signora Rosa raccolse il trofeo e lo porse a Chef Peppe. "Hai ragione, Peppe," disse con un sorriso. "La pizza non riguarda solo il seguire una ricetta. Si tratta dell'amore e della passione che ci si mette per farla. E nessuna macchina potrà mai sostituire questo."

La folla esultò ancora più forte mentre Chef Peppe alzava il trofeo sopra la testa. "Grazie, grazie!" esclamò. "Ma ricordate, il vero vincitore di oggi è la pizza stessa. Perché che sia fatta da un umano o da una macchina, la pizza ci unirà sempre!"

E con questo, la folla scoppiò in risate e applausi. Il festival continuò fino a tarda notte, con tutti che gustavano fetta dopo fetta della deliziosa pizza di Chef Peppe. Per quanto riguarda la Macchina della Pizza Perfetta, fu riportata nel laboratorio del Professor Calzone, dove fu riprogrammata per aiutare a fare la pizza, non per competere contro gli esseri umani.

Chef Peppe continuò a fare le migliori pizze di Pizzapoli, ma ora con una nuova apprezzamento per l'arte e il cuore del fare pizza. E ogni anno, al Festival della Pizza, ricordava a tutti che l'ingrediente segreto in ogni grande pizza non era una ricetta o una macchina, ma era l'amore.

The Best Pizza in the World

In the heart of a charming little town called Pizzapoli, nestled among the rolling hills of Italy, there was a pizzeria so famous that people from all over the world would travel just to have a slice. The pizzeria was called "Pizzanapoli," and it was run by the jolliest man you could ever meet—Chef Peppe.

Chef Peppe wasn't just any pizza maker. He was a pizzaiolo, a master of his craft, known for creating the most mouthwatering, delicious, and utterly magical pizzas anyone had ever tasted. People said that his pizzas weren't just food; they were a taste of heaven itself.

What made Chef Peppe's pizzas so special? Was it the crispy, golden crust? The tangy tomato sauce made from sun-ripened tomatoes? The gooey mozzarella that stretched like a dream? Or the secret blend of herbs and spices that danced on your taste buds? No one knew for sure, but there was one thing everyone agreed on—Chef Peppe's pizzas were the best in the world.

Every year, Pizzapoli held a grand festival called the "Pizza Festival," where the town celebrated its favorite food with music, dancing, and, of course, lots and lots of pizza. And the highlight of the festival was always the Great Pizza Bake-Off, where chefs from all over Italy competed to see who could make the best pizza.

But every year, without fail, Chef Peppe won the trophy. His pizzas were unbeatable. Until one year, when something very strange happened...

This year's Pizza Festival was extra special because it marked the 50th anniversary of the festival. The whole town was buzzing with excitement as the day of the Great Pizza Bake-Off approached. But there was also a feeling of suspense in the air, because a mysterious new competitor had entered the contest.

No one knew much about this new chef. He had registered under the name "Signor X," and no one had ever seen him before. Rumors began to spread through Pizzapoli like melted cheese on a hot pizza.

"Who could Signor X be?" people whispered. "Is he a famous chef in disguise? Or maybe he's a pizza-making wizard with magical powers!"

Even Chef Peppe was curious. "Well, well, well," he chuckled to himself as he kneaded the dough for his famous Margherita pizza. "It seems like I have some real competition this year!"

But deep down, Chef Peppe wasn't worried. He knew that his pizzas were the best, and he was excited to show everyone his newest creation—a pizza so delicious that it would make your toes curl in delight. He called it "The Pizza Suprema."

The day of the Great Pizza Bake-Off finally arrived, and the town square was filled with stalls selling every kind of pizza imaginable. There were pizzas with toppings from the sea, pizzas topped with fresh garden vegetables, and even sweet dessert pizzas with chocolate and strawberries.

But the biggest crowd was gathered around the main stage, where the competition was about to begin. Chef Peppe stood proudly at his station, his white chef's hat perched jauntily on his head. Next to him was the mysterious Signor X, who wore a black cloak and a wide-brimmed hat that shaded his face.

The judges took their seats, and the mayor of Pizzapoli, Signora Rosa, stepped up to the microphone. "Welcome, everyone, to the 50th Annual Pizza Festival Great Pizza Bake-Off!" she announced. "Let the competition begin!"

The chefs had two hours to create their masterpieces. The crowd watched in awe as Chef Peppe tossed his pizza dough high into the air, spinning it with the grace of a dancer. He spread the tomato sauce with the precision of an artist, layered on the mozzarella, and added his secret blend of herbs. His hands moved so quickly that they were a blur, and soon, the Pizza Suprema was ready to go into the oven.

Next to him, Signor X worked silently. He moved with a strange, almost mechanical precision, his movements stiff and robotic. He didn't toss his dough into the air or hum a tune like Chef Peppe did. Instead, he rolled out his dough with a rolling pin, spread a thin layer of sauce, and carefully placed each topping as if he were following a strict set of instructions.

The crowd murmured in confusion. "He doesn't seem like much of a chef," one person said.

"But look at those toppings!" another exclaimed. "I've never seen anything like them before!"

Indeed, Signor X's pizza was unlike any other. It was topped with shimmering golden mushrooms, silver-flecked truffles, and a cheese that glowed faintly in the dim light. The air around his station was filled with a sweet, intoxicating aroma that made everyone's mouth water.

Finally, the two hours were up. The judges approached the tables, ready to taste the pizzas.

The first judge, a famous food critic named Signor Bianchi, took a bite of Chef Peppe's Pizza Suprema. His eyes lit up, and a smile spread across his face. "Magnifico!" he exclaimed. "The crust is perfectly crispy, the sauce is bursting with flavor, and the cheese... oh, the cheese! It's like a symphony of taste in my mouth!"

The crowd cheered, and Chef Peppe bowed, tipping his hat in thanks.

Next, Signor Bianchi turned to Signor X's pizza. He hesitated for a moment, then took a bite. As soon as the pizza touched his tongue, his eyes widened in shock. He chewed slowly, his expression unreadable.

Finally, he swallowed and turned to the other judges. "This... this is..."

The crowd leaned in, holding their breath.

"This is the most incredible pizza I've ever tasted!" Signor Bianchi declared.

The crowd gasped. Even Chef Peppe's smile faltered.

"It's so... so..." Signor Bianchi struggled to find the words. "So... perfect! The flavors are unlike anything I've ever experienced. It's as if this pizza was made by the gods themselves!"

The other judges tasted the pizza and nodded in agreement. "It's true," they said. "This pizza is extraordinary!"

Chef Peppe's heart sank. Could it be true? Could Signor X's pizza really be better than his? For the first time in his life, he felt a pang of doubt.

But there was no time to dwell on it, because the judges were ready to announce the winner.

Signora Rosa stepped up to the microphone again, holding the trophy in her hands. "Ladies and gentlemen," she said, her voice trembling with excitement. "After much deliberation, the judges have reached a decision. The winner of this year's Great Pizza Bake-Off is..."

She paused for dramatic effect.

"...Signor X!"

The crowd erupted into applause, though it was mixed with whispers of disbelief. Chef Peppe's heart sank even further. He had never lost the competition before. What would happen to Pizzanapoli now?

Signor X stepped forward to accept the trophy, but just as Signora Rosa handed it to him, something strange happened. The trophy slipped from his hands and clattered to the ground. As Signor X bent down to pick it up, his wide-brimmed hat fell off, revealing a shocking sight.

Signor X wasn't a person at all. He was a robot!

The crowd gasped in unison. "A robot? How is that possible?"

But before anyone could react, the robot's eyes started to glow red, and it began to speak in a metallic voice. "I... am... the... Perfect... Pizza... Machine..." it said. "I... was... created... to... make... the... ultimate... pizza..."

Chef Peppe stepped forward, his face a mix of curiosity and concern. "Who created you?" he asked.

The robot's eyes flickered. "My... creator... is... Professor Calzone... a... scientist... who... believes... that... pizza... making... should... be... a... science... not... an... art... He... built... me... to... prove... that... machines... are... superior... to... humans..."

The crowd murmured in confusion. A robot that made perfect pizza? It sounded impossible, yet here it was, standing before them.

But Chef Peppe wasn't convinced. "Pizza isn't just about following a recipe," he said, his voice firm. "It's about passion, love, and creativity. A machine might be able to follow instructions, but it can never capture the heart and soul that goes into making a truly great pizza."

The robot's eyes flickered again. "I... do... not... understand..."

"You see," Chef Peppe continued, "every pizza I make is a little bit different. I use my senses, my feelings, and my instincts to create something unique each time. That's what makes it special."

The crowd nodded in agreement. They had all tasted Chef Peppe's pizzas and knew that what he said was true.

But before anyone could say more, the robot suddenly started to spark and sputter. "Error... error..." it said, its voice growing faint. "Cannot... process..."

And with that, the Perfect Pizza Machine shut down, its lights dimming as it slumped to the ground.

The crowd was silent for a moment, unsure of what to do. Then, slowly, they began to clap. The applause grew louder and louder until it was a roaring cheer.

Signora Rosa picked up the trophy and handed it to Chef Peppe. "You're right, Peppe," she said with a smile. "Pizza isn't just about following a recipe. It's about the love and passion that goes into making it. And no machine can ever replace that."

The crowd cheered even louder as Chef Peppe held the trophy high above his head. "Grazie, grazie!" he called out. "But remember, the real winner today is pizza itself. Because whether it's made by a human or a machine, pizza will always bring us together!"

And with that, the crowd erupted into laughter and applause. The festival continued long into the night, with everyone enjoying slice after slice of Chef Peppe's delicious pizza. As for the Perfect Pizza Machine, it was taken back to Professor Calzone's lab, where it was reprogrammed to help make pizza, not compete against humans.

Chef Peppe continued to make the best pizzas in Pizzapoli, but now with a new appreciation for the art and heart of pizza making. And every year, at the Pizza Festival, he would remind everyone that the secret ingredient in any great pizza wasn't a recipe or a machine—it was love.

La Fantastica Volpe di Firenze

Nella bellissima città di Firenze, famosa per la sua arte, architettura e cibo delizioso, viveva una volpe molto astuta di nome Filippo. Filippo non era una volpe qualunque; era la volpe più astuta di tutta Italia. Con il suo pelo arancione brillante, occhi acuti e una coda che sembrava danzare dietro di lui, Filippo riusciva a ingannare chiunque incontrasse, che fosse un contadino che cercava di proteggere i suoi polli o un turista con una borsa piena di dolcetti.

Ma Filippo non era un ladro, almeno non nel senso tradizionale del termine. Aveva un amore per l'avventura e una curiosità che non poteva essere contenuta. Ciò che Filippo amava di più al mondo era il cibo—cibo delizioso e appetitoso. Ma non un cibo qualunque. Filippo aveva un debole per le più raffinate prelibatezze italiane: pasta fresca, ricco gelato e, soprattutto, succulente bistecche alla fiorentina.

Tuttavia, nonostante la sua mente acuta e i suoi modi astuti, Filippo aveva un grande problema. Vedi, Filippo amava così tanto il sapore di queste prelibatezze che si trovava spesso in situazioni complicate, cercando di mettere le zampe sul miglior cibo della città.

Un giorno, mentre trotterellava per le strade di Firenze, Filippo sentì una conversazione tra due chef fuori da un famoso ristorante. Stavano parlando di una bisteccheria che apriva solo una volta all'anno. Si chiamava "La Bistecca Fantastica," e si diceva che servisse la bistecca più squisita del mondo—così tenera e saporita che la gente viaggiava da tutta Italia solo per un boccone.

Ma questa non era una bisteccheria qualunque. Era sorvegliata da un vecchio macellaio burbero di nome Signor Bruto, noto per la sua incredibile forza e per il suo temperamento ancor più incredibile. Signor Bruto aveva una reputazione temibile, e nessuno osava rubargli qualcosa.

Le orecchie di Filippo si drizzarono. Un'opportunità unica all'anno per assaggiare la migliore bistecca del mondo? Era una sfida a cui non poteva resistere. Ma come avrebbe fatto a superare Signor Bruto? Filippo pensò e ripensò finché un piano non cominciò a prendere forma nella sua mente astuta.

Il piano di Filippo era semplice, ma geniale. Doveva distrarre Signor Bruto, e il modo migliore per farlo era con qualcosa a cui nessuno poteva resistere—soprattutto qualcuno con un temperamento come il suo. Filippo decise che avrebbe causato un po' di caos per le strade di Firenze, qualcosa di così grande che anche Signor Bruto avrebbe dovuto lasciare la sua preziosa bisteccheria per vedere cosa stava succedendo.

Così, nei giorni successivi, Filippo visitò ogni mercato e panetteria della città. "Prese in prestito" con attenzione alcune uova dal venditore di uova, un po' di farina dal panettiere e dello zucchero dal negozio di dolciumi. Filippo sapeva che un po' di caos avrebbe avuto un grande effetto, e cosa poteva essere più caotico di una gigantesca nube di farina e uova nel mezzo di Firenze?

Il giorno in cui La Bistecca Fantastica doveva aprire, Filippo mise in atto il suo piano. Si intrufolò nel mercato di buon mattino, prima che chiunque fosse sveglio. Con le sue zampette agili, preparò un marchingegno fatto di corde e carrucole, collegando i sacchi di farina e uova a un carretto posizionato con cura. Al momento giusto, Filippo avrebbe tirato le corde e creato un disastro così grande che tutti, compreso Signor Bruto, sarebbero accorsi per vedere.

Con il sorgere del sole e il riempirsi del mercato, Filippo si nascose dietro un angolo, aspettando il momento perfetto. L'aroma di pane fresco e carne arrosto riempiva l'aria, e lo stomaco di Filippo brontolava per l'anticipazione. Finalmente, il momento arrivò. Con un rapido strattone alle corde, Filippo mise in moto il suo piano.

Quando i sacchi di farina esplosero in aria, coprendo il mercato in una nube bianca, e le uova cominciarono a piovere sui clienti ignari, scoppiò il pandemonio. Le persone scivolavano e si scontravano mentre cercavano di sfuggire al disastro. I venditori gridavano e i bambini ridevano, pensando che fosse tutto un grande gioco.

Proprio come Filippo aveva sperato, il caos raggiunse le orecchie di Signor Bruto, che uscì furioso dalla sua bisteccheria, con il viso rosso di rabbia. "Che cosa sta succedendo qui?" tuonò, spingendo tra la folla per vedere cosa fosse accaduto.

Filippo sorrise tra sé e sé. Con Signor Bruto distratto, quella era la sua occasione! Corse verso La Bistecca Fantastica, con il cuore che batteva forte per l'eccitazione. Quella sarebbe stata la festa più grande della sua vita!

Ma quando Filippo arrivò alla bisteccheria, si accorse che c'era un problema che non aveva previsto: la porta era chiusa a chiave. E non con un semplice lucchetto, ma con un enorme lucchetto di ferro che sembrava impossibile da rompere.

La mente di Filippo cominciò a correre. Come poteva entrare? Non aveva molto tempo prima che Signor Bruto tornasse. Poi, vide una finestra aperta in alto. Era una salita rischiosa, ma Filippo era una volpe determinata. Con un balzo, si aggrappò al davanzale e si tirò su.

All'interno della bisteccheria, l'odore di carne arrosto era così inebriante che Filippo quasi dimenticò perché si trovava lì. La sala da pranzo era vuota, tranne per un tavolo apparecchiato con posate d'argento e un piatto coperto da una cupola d'argento. Sotto quella cupola, Filippo sapeva, c'era la leggendaria bistecca.

La bocca di Filippo iniziò a salivare mentre si avvicinava furtivamente al tavolo. Poteva quasi assaporare la carne succosa e tenera. Con cautela, sollevò la cupola, e lì c'era—la bistecca più bella che avesse mai visto. Era cotta alla perfezione, con una crosta dorata e un centro rosa e succulento.

Filippo non poteva più aspettare. Diede un grande morso e, non appena la carne toccò la sua lingua, capì che quella era la migliore bistecca che avesse mai assaggiato. Il sapore era così ricco, così pieno di calore e spezie, che Filippo si sentì come se stesse fluttuando su una nuvola.

Ma proprio mentre stava per dare un altro morso, sentì il suono di passi pesanti. Signor Bruto stava tornando!

Filippo sapeva che doveva agire in fretta. Afferrò la bistecca con la bocca e si precipitò verso la finestra. Ma prima che potesse saltare fuori, la porta si spalancò, e lì c'era Signor Bruto, con il viso più rosso di un pomodoro maturo.

"Che cosa pensi di fare, volpe ladra?" ruggì Signor Bruto, con una voce che fece tremare le pareti.

Filippo non aspettò di scoprire cosa sarebbe successo dopo. Con la bistecca stretta tra i denti, si lanciò verso la finestra aperta e saltò fuori, atterrando con grazia sulla strada lastricata sottostante.

Ma Signor Bruto non si arrese così facilmente. Iniziò a inseguire Filippo, urlando a squarciagola. Le persone nel mercato, ancora coperte di farina e uova, si girarono a guardare mentre la volpe e il macellaio correvano per le strade di Firenze.

Filippo zigzagava attraverso i vicoli stretti, con il cuore che batteva forte. Poteva sentire i passi pesanti di Signor Bruto dietro di sé, ma non osava guardare indietro. Sapeva che un solo passo falso e il macellaio lo avrebbe catturato.

Proprio quando Filippo pensava che avrebbe dovuto abbandonare la bistecca per scappare, notò uno stretto varco tra due edifici—troppo piccolo per un essere umano, ma perfetto per una volpe. Senza pensarci due volte, Filippo si infilò attraverso il varco, con la bistecca ancora saldamente tra i denti.

Dall'altra parte, Filippo si ritrovò in un tranquillo cortile. Ascoltò attentamente, ma tutto ciò che riusciva a sentire era il lontano suono delle grida rabbiose di Signor Bruto. L'aveva seminato!

Filippo finalmente si concesse di rilassarsi. Ce l'aveva fatta! Aveva ingannato il burbero macellaio ed era fuggito con la bistecca più deliziosa del mondo. Ora, era il momento di godersi il suo premio meritato.

Trovò un posto all'ombra sotto un albero di fico, dove poteva mangiare in pace. Mentre assaporava ogni boccone della bistecca, Filippo non poteva fare a meno di sorridere. Era il miglior pasto che avesse mai fatto, e l'emozione della fuga lo rendeva ancora più gustoso.

Ma mentre finiva l'ultimo boccone, Filippo iniziò a riflettere su ciò che era appena accaduto. Sebbene la bistecca fosse davvero deliziosa, non era stato facile ottenerla. Aveva causato caos nel mercato, spaventato gli abitanti del paese e fatto arrabbiare il Signor Bruto. Ne era davvero valsa la pena?

Filippo era una volpe astuta, e sapeva che a volte una vittoria non riguardava solo il vincere—ma il modo in cui si giocava la partita. Forse c'era un modo migliore per godersi il cibo che amava senza causare problemi.

Nei giorni successivi, Filippo elaborò un nuovo piano. Invece di rubare il cibo, avrebbe trovato un modo per guadagnarselo. Filippo era sempre stato bravo a intrattenere le persone con i suoi trucchi intelligenti e i suoi movimenti agili. E se avesse usato i suoi talenti per far ridere e sorridere la gente di Firenze? In cambio, avrebbero potuto condividere volentieri il loro cibo delizioso con lui.

Così, Filippo divenne la "Volpe Fantastica di Firenze," un artista che stupiva la folla con le sue acrobazie, i suoi trucchi intelligenti e le sue buffonate divertenti. Faceva capriole, si equilibrava sulla coda e persino giocolava con le mele usando le zampe. La gente di Firenze lo adorava, e dopo ogni spettacolo lo ricompensavano con le prelibatezze più squisite—pane fresco, uva succosa e, in occasioni speciali, una fetta di quella leggendaria bistecca.

Quanto al Signor Bruto, alla fine perdonò Filippo per l'incidente della bistecca. In realtà, divenne uno dei più grandi fan di Filippo, invitando spesso la volpe astuta al suo ristorante per un pasto. Filippo aveva imparato una lezione importante: a volte, le migliori ricompense non derivano dal prendere, ma dal restituire qualcosa.

E così, Filippo visse felicemente a Firenze, godendosi il miglior cibo che l'Italia avesse da offrire, non come un ladro, ma come un artista amato e amico di tutti.

The Fantastic Fox of Florence

In the beautiful city of Florence, famous for its art, architecture, and delicious food, there lived a very clever fox named Filippo. Filippo wasn't just any fox; he was the cleverest fox in all of Italy. With his bright orange fur, sharp eyes, and a tail that seemed to dance behind him, Filippo could outsmart anyone he met, whether they were a farmer trying to protect their chickens or a tourist with a bag full of treats.

But Filippo wasn't a thief, at least not in the traditional sense. He had a love for adventure and a curiosity that couldn't be contained. What Filippo loved most in the world was food—delicious, mouthwatering food. But not just any food. Filippo had a taste for the finest Italian delicacies: fresh pasta, rich gelato, and, most of all, juicy Florentine steaks.

However, despite his sharp mind and cunning ways, Filippo had one major problem. You see, Filippo loved the taste of these delicacies so much that he often found himself in sticky situations, trying to get his paws on the best food in the city.

One day, while trotting through the streets of Florence, Filippo overheard a conversation between two chefs outside a famous restaurant. They were talking about a steakhouse that only opened once a year. It was called "La Bistecca Fantastica," and it was said to serve the most exquisite steak in the world—so tender and flavorful that people traveled from all over Italy just for a bite.

But this wasn't just any steakhouse. It was guarded by a grumpy old butcher named Signor Bruto, who was known for his incredible strength and even more incredible temper. Signor Bruto had a fierce reputation, and no one dared to steal from him.

Filippo's ears perked up. A once-a-year opportunity to taste the best steak in the world? This was a challenge he couldn't resist. But how would he get past Signor Bruto? Filippo thought and thought until a plan began to form in his clever mind.

Filippo's plan was simple, yet brilliant. He would need to distract Signor Bruto, and the best way to do that was with something no one could resist—especially someone with a temper like his. Filippo decided he would cause a little chaos in the streets of Florence, something so big that even Signor Bruto would have to leave his precious steakhouse to see what was happening.

So, over the next few days, Filippo visited every market and bakery in the city. He carefully "borrowed" a few eggs from the egg seller, a bit of flour from the baker, and some sugar from the sweet shop. Filippo knew that a little chaos would go a long way, and what could be more chaotic than a giant cloud of flour and eggs in the middle of Florence?

On the day La Bistecca Fantastica was set to open, Filippo put his plan into action. He sneaked into the market early in the morning, before anyone was awake. Using his nimble paws, he rigged a contraption made of strings and pulleys, connecting the sacks of flour and eggs to a carefully positioned cart. At the right moment, Filippo would pull the strings and create a mess so big that everyone, including Signor Bruto, would come running to see.

As the sun rose and the market filled with people, Filippo hid behind a corner, waiting for the perfect moment. The aroma of fresh bread and roasting meat filled the air, and Filippo's stomach rumbled with anticipation. Finally, the moment arrived. With a quick tug of the strings, Filippo set his plan in motion.

As the flour sacks exploded into the air, covering the market in a white cloud, and the eggs began to rain down on the unsuspecting shoppers, pandemonium erupted. People slipped and slid, bumping into each other as they tried to escape the mess. Vendors shouted, and children laughed, thinking it was all a great game.

Just as Filippo had hoped, the chaos reached the ears of Signor Bruto, who stormed out of his steakhouse, his face red with anger. "What is going on here?" he bellowed, pushing through the crowd to see what had happened.

Filippo grinned to himself. With Signor Bruto distracted, this was his chance! He dashed towards La Bistecca Fantastica, his heart pounding with excitement. This was going to be the greatest feast of his life!

But when Filippo arrived at the steakhouse, he realized there was one problem he hadn't accounted for—the door was locked. And not just any lock, but a huge, iron padlock that looked impossible to break.

Filippo's mind raced. How could he get inside? He didn't have much time before Signor Bruto returned. Then, he spotted an open window high above the ground. It was a risky climb, but Filippo was a determined fox. With a leap, he grabbed onto the windowsill and pulled himself up.

Inside the steakhouse, the smell of roasting meat was so intoxicating that Filippo nearly forgot why he was there. The dining room was empty, except for a single table set with silverware and a platter covered with a silver dome. Underneath that dome, Filippo knew, was the legendary steak.

Filippo's mouth watered as he crept towards the table. He could almost taste the juicy, tender meat. Carefully, he lifted the dome, and there it was—the most beautiful steak he had ever seen. It was cooked to perfection, with a golden-brown crust and a pink, succulent center.

Filippo couldn't wait any longer. He took a big bite, and as soon as the meat touched his tongue, he knew this was the best steak he had ever tasted. The flavor was so rich, so full of warmth and spice, that Filippo felt like he was floating on a cloud.

But just as he was about to take another bite, he heard the sound of heavy footsteps. Signor Bruto was coming back!

Filippo knew he had to act fast. He grabbed the steak in his mouth and darted towards the window. But before he could leap out, the door burst open, and there stood Signor Bruto, his face redder than a ripe tomato.

"What do you think you're doing, you thieving fox?" Signor Bruto roared, his voice shaking the walls.

Filippo didn't wait to find out what would happen next. With the steak clenched tightly in his teeth, he sprinted towards the open window and jumped out, landing gracefully on the cobblestone street below.

But Signor Bruto wasn't giving up that easily. He chased after Filippo, yelling at the top of his lungs. The people in the market, still covered in flour and egg, turned to watch as the fox and the butcher raced through the streets of Florence.

Filippo zigzagged through the narrow alleyways, his heart pounding. He could hear Signor Bruto's heavy footsteps behind him, but he didn't dare look back. He knew that one wrong move and the butcher would catch him.

Just when Filippo thought he might have to drop the steak to escape, he spotted a narrow gap between two buildings—too small for a human but just right for a fox. Without a second thought, Filippo squeezed through the gap, the steak still firmly in his mouth.

On the other side, Filippo found himself in a quiet courtyard. He listened carefully, but all he could hear was the distant sound of Signor Bruto's angry shouts. He had lost him!

Filippo finally allowed himself to relax. He had done it! He had outsmarted the grumpy butcher and escaped with the most delicious steak in the world. Now, it was time to enjoy his hard-earned prize.

He found a shady spot under a fig tree, where he could eat in peace. As he savored each bite of the steak, Filippo couldn't help but smile. This was the best meal he had ever had, and the thrill of the chase made it taste even better.

But as he finished the last morsel, Filippo began to think about what had just happened. While the steak was indeed delicious, it hadn't been easy to get. He had caused chaos in the market, scared the townspeople, and angered Signor Bruto. Was it really worth it?

Filippo was a clever fox, and he knew that sometimes, a victory wasn't just about winning—it was about how you played the game. Maybe there was a better way to enjoy the food he loved without causing trouble.

Over the next few days, Filippo came up with a new plan. Instead of stealing food, he would earn it. Filippo had always been good at entertaining people with his clever tricks and nimble moves. What if he used his talents to make the people of Florence laugh and smile? In return, they might share their delicious food with him willingly.

So, Filippo became the "Fantastic Fox of Florence," a performer who dazzled the crowds with his acrobatics, clever tricks, and funny antics. He would do somersaults, balance on his tail, and even juggle apples with his paws. The people of Florence loved him, and after each performance, they would reward him with the finest treats—fresh bread, juicy grapes, and, on special occasions, a slice of that legendary steak.

As for Signor Bruto, he eventually forgave Filippo for the steak incident. In fact, he became one of Filippo's biggest fans, often inviting the clever fox to his steakhouse for a meal. Filippo had learned an important lesson:

sometimes, the best rewards come not from taking, but from giving something back.

And so, Filippo lived happily in Florence, enjoying the finest food Italy had to offer, not as a thief, but as a beloved performer and friend to all.